¡JOSÉ!

Nacido para bailar
La historia de José Limón

Susanna Reich

Ilustrado por Raúl Colón

Traducción de Alexis Romay

A PAULA WISEMAN BOOK
Simon & Schuster Books for Young Readers
Nueva York Londres Toronto Sídney Nueva Delhi

A Gary, mi mejor amigo grandioso y magnífico
—S. R.

A Dorita
—R. C.

SIMON & SCHUSTER BOOKS FOR YOUNG READERS
Un sello editorial de la División Infantil de Simon & Schuster
1230 Avenida de las Américas, Nueva York, Nueva York 10020
Copyright del texto © 2005 de Susanna Reich
Copyright de las ilustraciones © 2005 de Raúl Colón
Copyright de la traducción © 2022 de Simon & Schuster, Inc.
Traducción de Alexis Romay
Originalmente publicado en inglés en 2005 por Simon & Schuster Books for Young Readers
como *José! Born to Dance*
Diseño del libro de Daniel Roode © 2005 de Simon & Schuster, Inc.
Todos los derechos reservados, incluido el derecho a la reproducción total o parcial en cualquier formato.
SIMON & SCHUSTER BOOKS FOR YOUNG READERS es una marca de Simon & Schuster, Inc.
Para obtener información respecto a descuentos especiales en ventas al por mayor, diríjase a Simon &
Schuster Special Sales al 1-866-506-1949 o a la siguiente dirección electrónica: business@simonandschuster.com.
El Simon & Schuster Speakers Bureau puede traer autores a su evento en vivo. Para obtener más
información o para reservar a un autor, póngase en contacto con Simon & Schuster Speakers Bureau:
1-866-248-3049 o visite nuestra página web: www.simonspeakers.com.
El texto de este libro usa la fuente Cantoria.
Las ilustraciones de este libro fueron hechas con acuarelas y lápices de colores sobre papel.
Hecho en China
0122 SCP
Primera edición en español de
Simon & Schuster Books for Young Readers, mayo de 2022
2 4 6 8 10 9 7 5 3 1
Library of Congress Cataloging-in-Publication Data
Names: Reich, Susanna, author. | Colón, Raúl, illustrator.
Title: ¡José! : nacido para bailar : la historia de José Limón / escrito por Susanna Reich ; ilustrado por Raúl
Colón ; traducción de Alexis Romay.
Other titles: José! Spanish
Description: New York : Simon & Schuster Books for Young Readers, 2022. | "A Paula Wiseman Book." |
Includes bibliographical references. | Audience: Ages 4-8 | Audience: Grades 2-3 | Summary: "José was a
boy with a song in his heart and a dance in his step. Born in Mexico in 1908, he came into the world kicking
like a steer, and grew up to love to draw, play the piano, and dream. With his heart to guide him, José left his
family and went to New York to dance. From New York to lands afar, José Limón became known as the man
who gave the world his own kind of dance. Susanna Reich's lyrical text and Raúl Colón's shimmering artwork
tell the story of a boy who was determined to make a difference in the world, and did. *José! Born to Dance*
will inspire picture book readers to follow their hearts and live their dreams"—Provided by publisher.
Identifiers: LCCN 2021039226 (print) | LCCN 2021039227 (ebook) | ISBN 9781665906142 (hardcover) |
ISBN 9781665906135 (paperback) | ISBN 9781665906159 (ebook)
Subjects: LCSH: Limón, José—Juvenile literature. | Dancers—United States—Biography—Juvenile
literature. | Choreographers—United States—Biography—Juvenile literature.
Classification: LCC GV1785.L515 R4518 20022 (print) | LCC GV1785.L515 (ebook) | DDC 792.802/8092
[B]—dc23
LC record available at https://lccn.loc.gov/2021039226
LC ebook record available at https://lccn.loc.gov/2021039227
ISBN 9781665906142 (tapa dura)
ISBN 9781665906135 (rústica)
ISBN 9781665906159 (edición electrónica)

En 1908, nació en Culiacán (México) un bebé que
tiraba más patadas que un ternero amarrado.
¡PUM!
¡PUM! ¡PUM!
Su nombre era José Limón.

Cuando José era pequeño, su mamá lo llevaba a
la casa de su abuela a desayunar.
El canario que tenían de mascota le cantaba
mientras él comía.
¡TURURURÍ! ¡TURURURÍ!
Rodeado de flores, José se daba banquete con mangos
y papayas, piñas y bananas, pan dulce y huevos. La
boca se le hacía agua mientras su abuela batía el
chocolate caliente con su molinillo.
Cuando el chocolate caliente estaba lo
suficientemente frío como para beber, José se lo
tragaba de un sorbo.

A veces, su papá llevaba a José al teatro en el que trabajaba de músico.

A José le encantaba ver a los bailarines en el escenario.

Las bailadoras de cancán se levantaban las enaguas y movían enérgicamente las piernas.

¡OH LA LA!

Las bailadoras de flamenco hacían girar sus faldas y taconeaban.

¡Sí! ¡Sí! ¡Sí!

Los bailarines de ballet saltaban por el aire.

Con los brazos alzados muy por encima de sus cabezas, parecía que volaban.

¡AHHHHH!

Una tarde, el papá de José lo llevó a una corrida
de toros.
En la plaza de toros, un torero dio vueltas a su capa
roja para enfurecer al toro negro.
¡Olé! ¡Olé! ¡Olé!
El toro dio una patada al suelo.
Corrió en dirección al torero, con la cabeza baja y los
ojos en llamas.
José se agarró de la mano de su papá.

Por la noche, cuando su mamá fue a acostar a José,
su dulce voz se hizo eco en la oscuridad.
SOBA-SOBA-SO, SOBA-SO.
Esa noche, José soñó con el toreo.

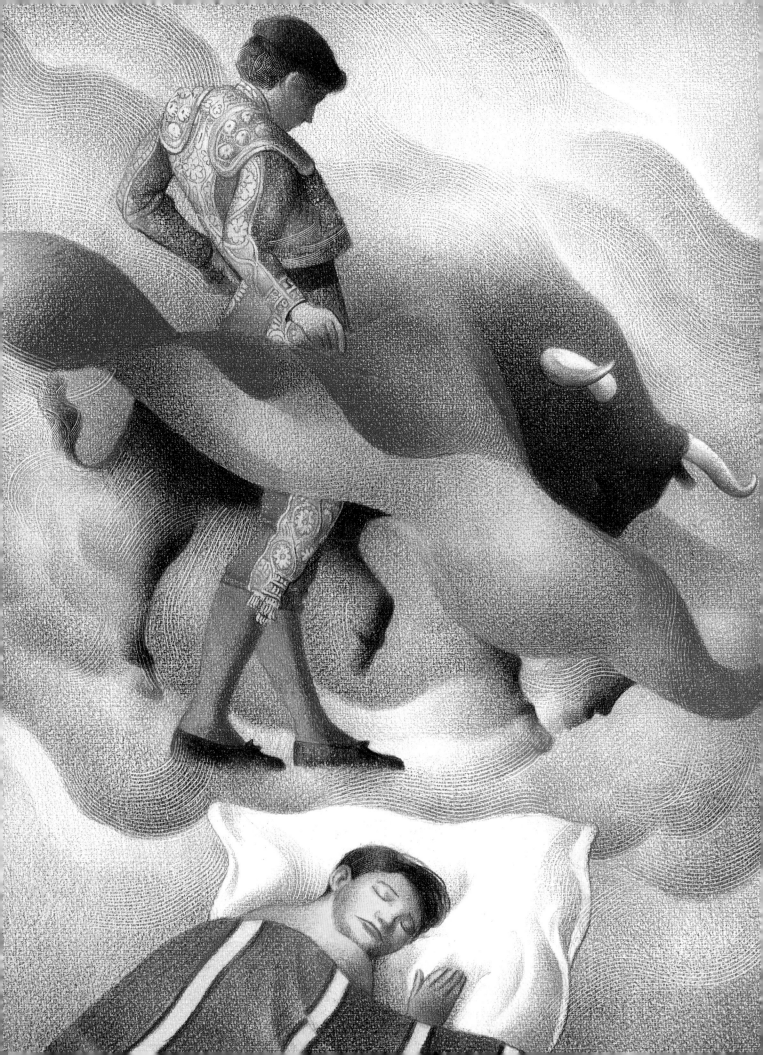

Una mañana de primavera, cuando José tenía cinco años, vio a los soldados del gobierno que marchaban en la calle.

Había comenzado una guerra civil en México.

José se colgó un palo del hombro y marchó por su casa.

¡Uno! ¡Dos! ¡Uno! ¡Dos!

Al día siguiente, durante el desayuno, se escucharon unos disparos.

Los rebeldes habían atacado su pueblo.

Rodeada por la batalla, la familia de José se escondió en el sótano durante tres días y sus tres noches.

Pasaron los meses y el furor de la guerra seguía en su apogeo.
La seguridad estaba al otro lado de la frontera: en los
Estados Unidos.
Tal vez su papá podría encontrar empleo allí.
La familia de José tomó un tren rumbo a Nogales, cerca
de la frontera.
Los soldados iban sentados encima del tren, con las
armas listas.
El tren se movió a paso de tortuga a través del caluroso
desierto.
Cuando el sol se ponía, José escuchó el sonido de un
acordeón: una canción lenta y pesarosa.
«Oh, soñador...».

Durante dos años, José y su familia vivieron en Nogales,
a la espera del permiso para entrar a los Estados Unidos.
Finalmente, a su papá le llegó el permiso de trabajo,
estampado con un cuño oficial.
Hicieron las maletas y partieron hacia la frontera
del norte.
Adiós, México.

En la nueva escuela de José, los niños se agrupaban alrededor del maestro para leer en alta voz sus libros. Cuando José leyó, los demás niños se rieron de su escaso inglés.

Al principio, José lloró.

Luego dio un pisotón con una resolución feroz.

¡PUM!

Voy a aprender este idioma mejor que todos ustedes, se dijo a sí mismo, aunque esto parecía casi imposible.

Pero tres años después, José hablaba inglés con confianza.
Aprendía nuevas palabras rápidamente y traducía para su
mamá adondequiera que iban.
Carmesí. Radiante. Liberación.
Crimson. Radiant. Liberation.

Al llegar a sexto grado, José ya era conocido por sus bocetos
coloridos.
Entre sus tantos hermanos y hermanas menores, era famoso
por sus dibujos de trenes.
Todos pensaban que se convertiría en artista.
Pero a José le encantaba la música también.
De adolescente, practicaba el piano a todas horas del día y
de la noche.
Cuando sus dedos volaban, su espíritu se elevaba por los
aires.
¡AHHH!

Luego de que José terminó su escuela secundaria en Los Ángeles, su mamá enfermó de gravedad.

Cuando murió, la tristeza se asentó en el corazón de José.

Se fue a trabajar a una fábrica.

Todo el día tomaba azulejos de una carretilla y los cargaba en otra.

En la noche soñaba con pintar y dibujar.

Soñaba que vivía en Nueva York, entre artistas.

Pero no sabía si su papá se las podría arreglar sin él.

José esperaba, le daba vueltas al asunto y discutía consigo mismo.

Por fin, después de un año, se decidió.

—Papá —anunció—, me voy.

Adiós, José. Adiós.

Partió rumbo al este a través del continente, dos mil cuatrocientas sesenta y dos millas.

Cuando José llegó a Nueva York, la reluciente ciudad se alzaba por encima de él: mármol, piedra, ladrillo y acero.
José flotaba por las aceras.
Se convertiría en un gran artista, un artista grandioso y magnífico.
Llenaría sus cuadernos de bocetos con dibujos que el mundo jamás había visto.

Comenzó a trabajar de conserje, quitando las cenizas de hornos de carbón y cargando tachos de basura hasta el borde de la calle.
Pero a medida que pasó el invierno, una soledad fría se apoderó de José.
Echaba de menos a su familia, allá lejos en la soleada California.

Desalentado, deambuló por los pasillos
de los grandes museos.
Manet, Renoir y Picasso, pensó.
Tal vez ya ellos lo habían pintado todo.
Sus dibujos jamás se compararían a los de ellos.
La música en su corazón se había silenciado.

—Nueva York es un cementerio —dijo—. Una
jungla de piedra.
José guardó sus dibujos.
Se sentía triste y perdido.
¿Cómo podría ser un artista sin arte?
Quería entregarle un don al mundo, pero no
sabía en qué consistía.

Un día, una amiga de José llamada Charlotte lo invitó a un concierto de danza.

El bailarín giró su cuerpo y saltó al aire.

¡AIEEEE!

La danza encendió una llama en el alma de José.

Las ideas explotaban en su mente.

—¡No quiero permanecer en esta tierra a no ser que aprenda a hacer lo que ese hombre hace! —dijo.

Unos días después, José entró a un estudio de danza por primera vez.

Tan pronto como el pianista comenzó a tocar, el sonido de la música transportó a José.

Se abalanzó. Se estiró. Dio vueltas. Y luego voló…

¡AHHHH!

¡La danza será mi vida!

¡Me entrego a la danza!

A partir de ese momento, José tomó clases con los maestros Doris Humphrey y Charles Weidman casi todos los días.

Empapado de sudor, luchaba con su cuerpo rígido y testarudo.

Y en las noches cojeaba de regreso a casa, con los músculos adoloridos.

Seis semanas más tarde, hizo su debut.
Mientras esperaba para salir al escenario,
se sentía tímido y nervioso.
Toda esa gente en la audiencia lo iba a ver.
Pero una vez que escuchó el aplauso atronador, se le
animó el espíritu.
—Esa noche saboreé una exaltación, una humildad y
un triunfo jamás soñados —dijo.

Tobillos y pies, rodillas y caderas, pecho y brazos, cabeza
y cuello, de arriba abajo y del frente a la espalda y por
dentro y por fuera, José Limón se hizo a sí mismo un
bailarín. Se convirtió en aquello para lo que había nacido.

Durante once años, José estudió danza con Doris y
Charles.

Aprendió a hacer que sus músculos cantaran.
Aprendió a mover sus huesos por doquier.
Aprendió a fluir y a flotar y a volar a través del espacio con
pasos tan suaves como la seda.

Aprendió a ser feroz como un torero: ¡Olé!
Fuerte como un soldado: ¡Uno! ¡Dos! ¡Uno! ¡Dos!
Y orgulloso como un rey: ¡PUM!

Aprendió a hacer danzas tan dulces como el canto
de los pájaros: ¡TURURURÍ!
Tan calurosas como el sol del desierto: ¡Sí! ¡Sí!
Tristes como sueños rotos: Oh, soñador…
Amorosas como la nana de una madre que flota en la brisa
mexicana: SORA-SORA-SO, SORA-SO.

Con el tiempo, José se convirtió en un coreógrafo famoso y dio giras por todo el mundo con su propia compañía de danza. Durante cuarenta años, con pies descalzos y hombros anchos, honró con su presencia los escenarios.
De Ciudad de México a Nueva York y de Londres a Buenos Aires, bailó para presidentes y princesas, constructores y conserjes, banqueros y biólogas, violinistas y veterinarias.
Y cada noche, antes de que subiera el telón, murmuraba para sí mismo: «Hazme fuerte para que pueda dar de mí».

¡BRAVO! ¡BRAVO! ¡BRAVO!

Nota histórica

Uno de los grandes bailarines y coreógrafos del siglo XX, José Limón (1908-1972) nació en una familia de descendencia mixta, mezcla de europeos y nativos mexicanos; fue el primero de once hijos. Luego del estallido de la Revolución Mexicana, el padre de José perdió su trabajo como director de la Academia Estatal de Música en Cananea (Sonora). Dos años después, la familia Limón se mudó a Tucson (Arizona), y después a Los Ángeles, en donde José asistió a la escuela secundaria y su talento artístico floreció.

Luego de la muerte de su madre, José estaba indeciso con respecto a su compromiso con su familia y su futuro como artista. En 1928, partió rumbo a la ciudad de Nueva York. Se matriculó en la Art Students League (Liga de Estudiantes de Arte), pero —nostálgico, solitario y todavía afligido por la muerte de su madre—, pronto se desalentó y abandonó la escuela. En febrero de 1929, vio una actuación del bailarín alemán Harald Kreutzberg y su vida tomó una nueva dirección.

José comenzó a tomar clases con Doris Humphrey y Charles Weidman, quienes, junto a su contemporánea Martha Graham, eran pioneros de una nueva forma artística de danza moderna. Pronto, José comenzó a bailar con la Compañía Humphrey-Weidman y en espectáculos en Broadway. En 1941, se casó con Pauline Lawrence, una música y diseñadora de vestuario, gerente de la Compañía Humphrey-Weidman. Luego de servir en el ejército de los Estados Unidos durante la Segunda Guerra Mundial, José regresó a Nueva York para comenzar su propia compañía de baile.

En las décadas que siguieron, José actuó en obras creadas para su compañía por Doris Humphrey, así como en piezas de su propia creación. Algunas estaban enraizadas en su infancia mexicana, mientras que otras fueron inspiradas por mitos griegos, tragedias de Shakespeare o pasajes bíblicos. Entre sus grandes roles se cuentan el torero en *Lamento por Ignacio Sánchez Mejías* y el moro en *La pavana del moro*.

Desde la muerte de José en 1972, la Limón Dance Company (compañía de danza Limón) ha continuado sus giras por todo el mundo con muchísimo éxito. Los bailes de José han sido presentados por el American Ballet Theater, el Alvin Ailey American Dance Theater, el Joffrey Ballet y muchas otras compañías.

Como maestro en la Juilliard School, José inspiró a varias generaciones de jóvenes bailadores. La técnica de danza de Limón, conocida por sus ritmos dinámicos y su estilo lírico, todavía es enseñada en escuelas y universidades por todo el mundo. En 2000, la Dance Heritage Coalition (Coalición de la herencia de la danza) nombró a José Limón uno de los «tesoros irreemplazables de la danza en los Estados Unidos».

Bibliografía (en inglés)

Libros y artículos
Limón, José. *José Limón: An Unfinished Memoir*. Lynn Garafola, editora. Hanover, NH: Wesleyan University Press/University Press of New England, 1999.
Pollack, Barbara, y Charles Humphrey Woodford. *Dance Is a Moment: A Portrait of José Limón in Words and Pictures*. Pennington, NJ: Princeton Book Company, 1993.

Film y video
José Limón: Three Modern Dance Classics—The Moor's Pavane, The Traitor, The Emperor Jones. Pleasantville, NY: Video Artists International, 1999.
Limón: A Life Beyond Words. Producido por Ann Vachon y Jeffrey Levy-Hinte. Dirigido por Malachi Roth.

Página web:
www.limon.org

La autora quisiera agradecer a Ann Vachon por el préstamo de las entrevistas grabadas en video durante la producción del film *Limón: A Life Beyond Words*. Las gracias también van a Norton Owen, de la José Limón Dance Foundation, por su invaluable asistencia durante el curso de la investigación.